Los gaviales

Grace Hansen

Abdo Kids Jumbo es una subdivisión de Abdo Kids
abdobooks.com

abdobooks.com

Published by Abdo Kids, a division of ABDO, P.O. Box 398166, Minneapolis, Minnesota 55439.

Printed in the United States of America, North Mankato, Minnesota.

102021

012022

Spanish Translator: Maria Puchol

Photo Credits: Alamy, AP Images, iStock, Minden Pictures, Shutterstock

Production Contributors: Teddy Borth, Jennie Forsberg, Grace Hansen
Design Contributors: Dorothy Toth, Pakou Moua

Library of Congress Control Number: 2021939794

Publisher's Cataloging-in-Publication Data

Names: Hansen, Grace, author.

Title: Los gaviales/ by Grace Hansen

Other title: Gavials. Spanish

Description: Minneapolis, Minnesota: Abdo Kids, 2022. | Series: Animales espeluznantes | Includes online resources and index

Identifiers: ISBN 9781098260729 (lib.bdg.) | ISBN 9781098261283 (ebook)

Subjects: LCSH: Crocodiles--Juvenile literature. | Crocodiles--Behavior--Juvenile literature. | Reptiles--Behavior--Juvenile literature. | Curiosities and wonders--Juvenile literature. | Spanish language materials--Juvenile literature.

Classification: DDC 596.018--dc23

Contenido

El gavial

El gavial viene de la familia de los **cocodrílidos**. Se les puede ver al norte de la India y en Nepal. Aunque en el pasado este área fue más extensa.

Nepal
la India
N
W
E
S

Los gaviales viven en ríos de agua dulce. A causa de sus piernas poco fuertes, raramente salen del agua. Sólo lo hacen para calentarse o para poner huevos.

Los gaviales son **reptiles** grandes. ¡Pueden llegar a crecer hasta 20 pies de largo (6.1 m)!

9

Normalmente pesan alrededor de 350 libras (160 kg). ¡Aunque algunos han llegado a pesar 2,000 libras (907 kg)!

Los gaviales se parecen mucho a los **cocodrílidos**. Pero su largo y estrecho **hocico** los diferencia.

gavial

cocodrilo de agua salada

caimán negro

cocodrilo del Nilo

caimán enano de Cuvier

cocodrilo americano

caimán de anteojos

caimán del río Mississippi

¡Aunque no lo parezca, la mandíbula del gavial es letal! Tiene más de 100 dientes extremadamente afilados en su boca.

Caza y alimentación

Para cazar a sus **presas**, el gavial arrastra de lado su boca. Los adultos principalmente comen peces grandes. Los jóvenes comen insectos, ranas y otros pequeños mamíferos.

Crías de gavial

Los gaviales pasan la mayoría del tiempo solos. Aunque en la primavera se juntan para anidar. Las hembras ponen entre 30 y 50 huevos. Alrededor de 3 meses después nacen las crías.

Los gaviales jóvenes se quedan junto a sus madres. Se separarán unos meses después cuando estén suficientemente fuertes para estar solos.

Más datos

- No se sabe con certeza cuál es la esperanza de vida de los gaviales. Se piensa que pueden llegar a vivir entre 50 y 60 años, al igual que el resto de especies de **cocodrílidos**.

- Los gaviales han existido en la Tierra por más de 200 millones de años. Han cambiado muy poco en este tiempo.

- También se les conoce como gavial del Ganges. Están en **peligro crítico de extinción**.

Glosario

cocodrílidos – grupo de reptiles en el que se incluye al cocodrilo. Los caimanes, lagartos y gaviales son cocodrílidos también.

hocico – boca y nariz sobresalientes en la cara de algunos animales.

peligro crítico de extinción – alto riesgo de que desaparezca.

presa – animal que es cazado para ser comido por otro animal.

reptil – animal de sangre fría con esqueleto y escamas duras sobre la piel. La mayoría de los reptiles ponen huevos.

Índice

¡Visita nuestra página **abdokids.com** para tener acceso a juegos, manualidades, videos y mucho más!

Los recursos de internet están en inglés.

Usa este código Abdo Kids

SGK2507

¡o escanea este código QR!